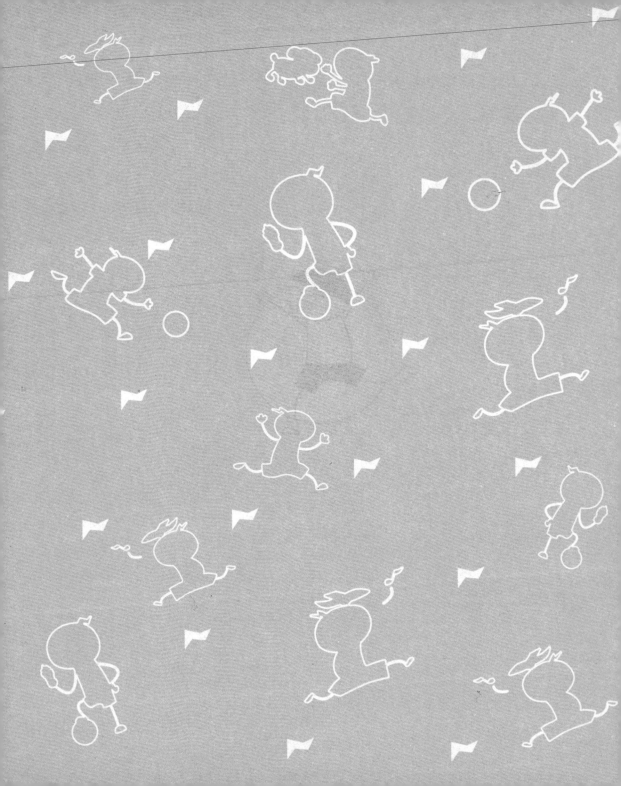

米小圈上学记

如果我有时光机

二年级

北猫 著

时光1号

四川少年儿童出版社

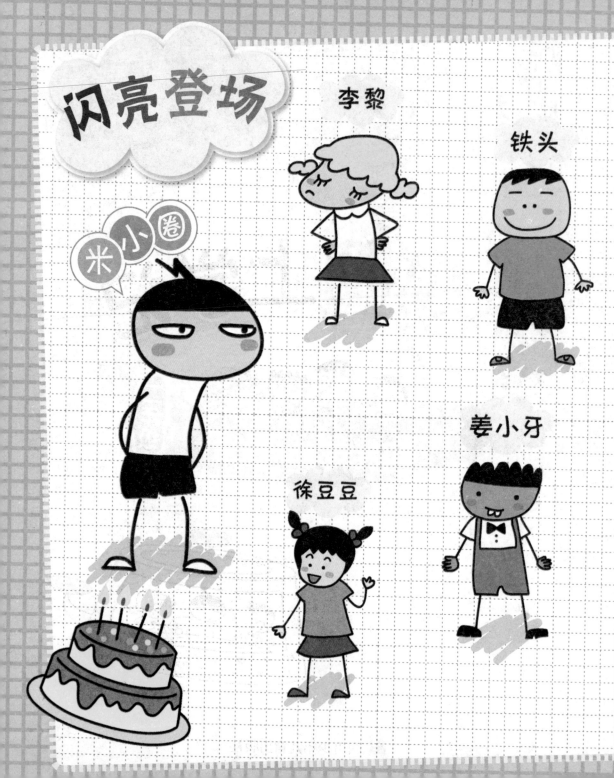

小圈妈

小圈爸

肌肉老师

莫老师

魏老师

米小圈对你说

嗨！你好。

不知道你有没有看见我的这段文字，如果你看到了，那么我要郑重其事地对你说："呜呜……你居然偷看了我的日记。还敢笑我，我跟你没完。"

好吧，这只是个玩笑而已。我米小圈可不是一个小气鬼，我最喜欢的事就是逗别人开心啦，所以你想怎么看都行呀。

很感谢你，在你的陪伴下，我米小圈已经顺利升入了二年级。我已经不再是一年级的倒霉孩子啦回想起我的一年级，可真够悲惨的。总是被老师批评，总是被我的女魔头同桌欺负，总是好心办坏事。为什么倒霉的总是我呀？（北猫叔叔：米小圈，我对不起你！是我写的。）

二年级是一个全新的开始，真希望可以更幸运一点儿。我的朋友，你会祝福我的，对吗？

就说到这里吧，我要去写日记了。

对了，你有没有拿起笔像我一样，把好玩的事写在日记里呢？相信你已经开始动笔了。886……

米小圈

如果我有时光机

5月5日 星期三

　　今天的语文课真是有趣极了，莫老师给大家出了一个题目——如果我有一部时光机，要求大家开动脑筋想

时光1号

一想，如果拥有一部时光机，会做些什么呢？

大家正在**奇思妙想**，铁头第一个把手举了起来："老师，我先说，我已经想好了。"

"哦？邢铁同学，那你说说看。"莫老师把铁头叫了起来。

铁头说："如果我有一部时光机，我要飞到期末考试现场去……"

"嗯，不错，真是个爱学习的好孩子。"莫老师表扬了铁头。

铁头接着说："然后把卷子偷回来，这样我就能考100分啦，嘻嘻嘻嘻……"

大家都觉得铁头的办法不错，不
用学习就能考100分，哈哈，多好。当
然，莫老师是不会同意的。

李黎站了起来："老师，如果我有
一部时光机，我要回到一年级……"

莫老师问："李黎，你为什么要回
到一年级呢？"

"一年级时，有一次，米小圈逃课了，可是我却没有阻止他，我想回去阻止他。"

"啊！阻止我？"李黎这个家伙，怎么总是跟我过不去，希望她永远没有时光机。

莫老师表扬了李黎，又批评了我的逃课行为。

李黎刚坐下，姜小牙赶快站了起来："老师，我也想好了，如果我有一部时光机，我要带着莫老师一起飞到未来。"

莫老师开心地问："呵呵，姜小

牙，你为什么要带我一起去呢？"

姜小牙害羞地说："这样莫老师
就可以嫁给长大后的姜小牙啦。"

哈哈哈哈……同学们顿时大笑起来。

……

好幸福呀！

时光1号

"姜小牙，你……"莫老师有些不
好意思了。

姜小牙这家伙，总是想跟莫老师
结婚，真拿他没办法。

zhè shí　　mò lǎo shī diǎn dào le wǒ de míng zi
这时，莫老师点到了我的名字：

mǐ xiǎo quān　nǐ jīn tiān zěn me zhè me chén mò a　shuō
"米小圈，你今天怎么这么沉默啊？说

shuo nǐ de
说你的。"

wǒ zhàn le qǐ lái　　lǎo shī　　wǒ zhǐ xiǎng fēi dào
我站了起来："老师，我只想飞到

wèi lái　　kàn kan zì jǐ néng fǒu chéng wéi tè bié tè bié zhù
未来，看看自己能否成为特别特别著

míng de huà jiā
名的画家。"

mò lǎo shī gǔ lì dào　　mǐ xiǎo quān　zhè ge bú
莫老师鼓励道："米小圈，这个不

yòng shí guāng jī　　zhǐ yào nǐ nǔ lì　　lǎo shī bǎo zhèng nǐ
用时光机，只要你努力，老师保证你

一定会成为著名画家的。"

"啊！一定会？"

"嗯，一定会。"莫老师坚信。

我顿时难过起来："呜呜呜……我的命好苦啊，我是真的不想成为画家呀。"

下课后，我闷闷不乐地坐在座位上，我的好朋友姜小牙走了过来："米小圈，你怎么了？"

"小牙，莫老师说我一定会成为画家，可是你知道的，我最讨厌画画啦。"

姜小牙说："这还不简单，莫老师说只要你努力就一定会，但只要你不努力那就一定不会喽。"

hē hē duì ya wǒ zěn me méi xiǎng dào jiāng xiǎo
呵 呵 ， 对 呀 ！ 我 怎 么 没 想 到 ， 姜 小

yá zhēn shì tài cōng míng le
牙 真 是 太 聪 明 了 。

cóng jīn tiān kāi shǐ wǒ yí dìng bù nǔ lì huà huà
从 今 天 开 始 ， 我 一 定 不 努 力 画 画

le zhè yàng jiù kě yǐ bù dāng huà jiā le yí dìng bù
了 ， 这 样 就 可 以 不 当 画 家 了 。 一 定 不 。

时光旅行

5月6日 星期四

zuó tiān wǎn shang   wǒ gāng xiě wán zuò yè   zhǔn bèi qù
昨 天 晚 上 ， 我 刚 写 完 作 业 ， 准 备 去

wán yì xiǎo huìr   wǒ de lǎo bà què tiào le chū lái   mǐ
玩 一 小 会儿 ， 我 的 老 爸 却 跳 了 出 来 ：" 米

xiǎo quān   qù huà yì zhāng chāo jí hǎo kàn de huà ba
小 圈 ， 去 画 一 张 超 级 好 看 的 画 吧 。 "

不画、不
画、不画……

一定要画……

009

"啊！又要画画？"早知道我就不把作业写完了。

我赶快逃跑，老爸在后面穷追不舍。

我是小孩儿，跑得没有老爸快，他抓住了我："米小圈，快去画画！"

我很坚决地说："不画，打死我我也不画。"

这时，老爸拿出一个古怪的模型飞机："米小圈，只要你能画一张超级好看的画出来，我就把这架飞机送给你。"

"哇！好奇怪的飞机啊。"

我刚从老爸手里接过飞机，飞机却开口说话了："哼！我不是模型飞机……我是**时光飞机**。”

“啊！飞机说话啦。”我和老爸都吓了一跳，把飞机扔到地上，赶快逃跑。

“哎呀，好疼呀，米小圈，你好坏。”飞机说。

我停止逃跑，又把飞机捡了起来：“对不起，我不是故意的。对了！你刚才说你是什么飞机？”

“我是时光飞机。”

老爸问：“时光飞机是做什么的？”

飞机又说：“就是能带你们去**时光旅行**的机器。”

“啊？时光机！你是时光机？”我

xīng fèn de xiàng yì zhī tù zi
兴奋得像一只兔子。

méi cuò qǐng jiào wǒ shí guāng hào
"没错，请叫我'时光1号'。"

lǎo bà qiǎng guo fēi jī zuǒ kàn kan yòu kàn kan piàn
老爸抢过飞机左看看右看看："骗

rén de ba zhè me xiǎo de fēi jī zěn me dài wǒ men
人的吧，这么小的飞机，怎么带我们

qù shí guāng lǚ xíng
去时光旅行？"

hng kàn wǒ de fēi jī tū rán fā chū yào
"哼！看我的。"飞机突然发出耀

yǎn de hóng guāng zhào zài wǒ hé lǎo bà shēn shang wǒ hé lǎo
眼的红光，照在我和老爸身上，我和老

bà yí xià zi biàn chéng le xiǎo bu diǎnr
爸一下子变成了小不点儿。

时光1号

我和老爸钻进时光飞机里。我说道："时光1号，起飞吧。"

"好的。"时光1号飞了起来，"我的**旅客**，你们想去哪个年代呢？"

我和老爸不约而同地想到了二十年后，我们都想知道，二十年后的米小圈能否成为一位特别特别著名的画家。

"好的，二十年后，没问题。"时光1号**嗖**的一下飞往了二十年后。

时光1号说："我的旅客，二十年后到了，你们去找米小圈吧，我在这里等着。"

wǒ hé lǎo bà zǒu chū cāng mén　　hóng sè de guāng yòu
我 和 老 爸 走 出 舱门 ，红 色 的 光 又

zhào zài wǒ men shēn shang　　wǒ men yí xià zi yòu biàn dà le
照 在 我 们 身 上 ，我 们 一 下 子 又 变 大 了 。

wǒ wèn lǎo bà　　　zhè shì nǎ lǐ a
我 问 老 爸 ："这 是 哪 里 啊 ？"

lǎo bà kàn le kàn sì zhōu　　zhè lǐ hǎo xiàng shì yí
老 爸 看 了 看 四 周 ："这 里 好 像 是 一

gè shén me zhǎn lǎn guǎn
个 什 么 展 览 馆 。"

wǒ men bú shì qù zhǎo mǐ xiǎo quān ma　　zěn me pǎo
"我 们 不 是 去 找 米 小 圈 吗 ？怎 么 跑

zhǎn lǎn guǎn lái la
展 览 馆 来 啦 ？"

lǎo bà yòu kàn le kàn　　　　hǎo xiàng yǒu wèi shén me zhù
老 爸 又 看 了 看 ："好 像 有 位 什 么 著

míng huà jiā zài zhè lǐ jǔ bàn huà zhǎn ne　　à　　jǔ bàn
名 画 家 在 这 里 举 办 画 展 呢 。啊 ！举 办

huà zhǎn
画 展 ？"

lǎo bà tū rán xīng fèn de bào zhù wǒ　　　　mǐ xiǎo
老 爸 突 然 兴 奋 地 抱 住 我 ："米 小

quān　　zhè yí dìng shì nǐ de huà zhǎn　　nǐ zhēn de chéng wéi
圈 ，这 一 定 是 你 的 画 展 ，你 真 的 成 为

huà jiā la　　　ér qiě hái shi tè bié zhù míng de nà zhǒng
画 家 啦 ，而 且 还 是 特 别 著 名 的 那 种 ，

hā hā hā hā hā
哈 哈 哈 哈 哈 ……"

wū wū wū wán dàn le xiǎng bu dào wǒ zhēn de
呜 呜 呜 …… 完 蛋 了 ， 想 不 到 我 真 的

chéng wéi zhù míng huà jiā la wū wū wǒ hǎo dǎo méi a
成 为 著 名 画 家 啦 。 呜 呜 …… 我 好 倒 霉 啊 。

lǎo bà zhuài zhe wǒ gǎn kuài xiàng zhǎn lǎn guǎn li zǒu qù
老 爸 拽 着 我 ， 赶 快 向 展 览 馆 里 走 去 。

这画真棒啊！

蒙娜丽莎的哭泣

我不想
当画家……

lǎo bà shuō wā kàn huà zhǎn de rén hǎo duō a
老 爸 说 ："哇 ！ 看 画 展 的 人 好 多 啊 ，

mǐ xiǎo quān kàn lái nǐ zhēn de hěn yǒu míng qì ya
米 小 圈 ， 看 来 你 真 的 很 有 **名 气** 呀 ！"

míng qì yǒu shén me yòng wǒ yòu bù xiǎng dāng huà
"名 气 有 什 么 用 ， 我 又 不 想 当 画

jiā wǒ nán guò de shuō
家 。" 我 难 过 地 说 。

这时，那位著名画家走了过来，一群人围着大画家在要签名。

老爸拽着我跑了过去，他想要看看自己的大画家儿子。

我们拨开人群，挤到大画家面前。

我一看，哈哈大笑起来："啊？是姜小牙！哈哈哈哈……"

哈哈……原来姜小牙才是未来的

给我签个名吧……

呜呜 呜呜……

著名画家呀，太不可思议了，哈哈哈哈

……明天上学我要告诉他这个坏消息。

对了，姜小牙成为了画家，那未来

的米小圈在干吗呢？我很想知道。

老爸伤心地**拽着我**往回走。突然，

有人喊道："**冰激凌**、爆米花……冰冰

凉的冰激凌，还有热乎乎的爆米花哟……"

老爸一看，当场气晕过去。

哈哈哈哈，二十年后的米小圈真

的**梦想成真**啦。而且不光卖冰激凌，

还卖爆米花，太棒啦！

老爸气坏了，拽着我回到时光1号

里。

"哼！米小圈，你真是太没出息了。"

"啊？我觉得卖冰激凌是最有出息

的呀，而且我不光卖冰激凌，还卖爆米

花，多有出息啊。"

"没出息。"

"有出息。"

"没出息……"我和老爸争吵起来。

时光1号生气了："不要吵了，本次

时光旅行到此结束。"时光1号把我和老爸甩出了机舱。

我们掉下了**万丈深渊**："啊……不好……救命啊。"

我一下子醒了过来，发现自己躺在地上。唉……原来是场梦啊，害我白高兴了一场。

无聊的皮筋课

5月7日 星期五

我把昨天的梦讲给同学们听，同学们都笑个不停。

特别是姜小牙，他高兴得不得了："哈哈，原来我未来是大画家呀。"

姜小牙突然对画画产生了极大的兴趣，他觉得当个被人**崇拜**的画家也不错嘛。

可是姜小牙，这只是个梦而已啊，

nǐ bú huì shì dàng zhēn le ba
你 不 会 是 当 真 了 吧 ？

jiāng xiǎo yá guǒ rán dàng zhēn le， tā hěn kuài jiù huà
姜 小 牙 果 然 当 真 了 ， 他 很 快 就 画

chū le yì fú chāo jí nán kàn de huà
出 了 一 幅 超 级 难 看 的 画 。

wǒ jué de huà de kuài hé huà de chǒu dōu bù nán，
我 觉 得 画 得 快 和 画 得 丑 都 不 难 ，

ér xiàng jiāng xiǎo yá zhè yàng， huà de yòu kuài yòu chǒu kě jiù
而 像 姜 小 牙 这 样 ， 画 得 又 快 又 丑 可 就

nán le
难 了 。

jīn tiān wèi lǎo shī zài bān jí xuān bù， xià wǔ yào
今 天 魏 老 师 在 班 级 宣 布 ， 下 午 要

lián shàng liǎng jié tǐ yù kè。 tóng xué men dùn shí huān hū què
连 上 两 节 体 育 课 。 同 学 们 顿 时 欢 呼 雀

嘿嘿~

呕……

yuè qǐ lái
跃 起 来 。

wèi lǎo shī yòu xuān bù xià zhōu tǐ yù lǎo shī yǒu
魏 老 师 又 宣 布 ， 下 周 体 育 老 师 有

shì yào shǎo shàng yì jié tǐ yù kè tóng xué men mǎ shàng
事 ， 要 少 上 一 节 体 育 课 。 同 学 们 马 上

āi shēng yí piàn
哀 声 一 片 。

wǒ dào shì jué de tǐng hǎo de guǎn tā ne fǎn
我 倒 是 觉 得 挺 好 的 ， 管 它 呢 ， 反

zhèng jīn tiān kě yǐ wán gè tòng kuài
正 今 天 可 以 玩 个 痛 快 。

wǒ hé tiě tóu jiāng xiǎo yá zǎo zāor jiù pǎo dào cāo
我 和 铁 头 、 姜 小 牙 早 早 儿 就 跑 到 操

chǎng shang tī qǐ le zú qiú tài hǎo wán le kě shì tiě
场 上 踢 起 了 足 球 ， 太 好 玩 了 。 可 是 铁

头这家伙的头太大了，足球总是踢到他的脸上。

"哈哈哈哈……"我和姜小牙笑个没完。

铁头很生气："哼！我以后再也不玩足球了。"

我问："铁头，不玩足球玩什么？"

铁头一指远处的李黎："我要去跳皮筋。"

李黎和几个女孩儿正在跳皮筋。

可是铁头啊，女生才喜欢跳皮筋呢，你又不是女生。

"我不管，我就要跳皮筋。"

姜小牙说："铁头，你可真丢人，

足球才是我们男生的运动。"

"哼！你们不去，我自己去。"铁

头扔下我们，向李黎跑去。

李黎她们见到铁头，高兴极了，把

皮筋绑在了铁头的腿上，不许他乱动。

嘻嘻，结果铁头一直在做木头桩

子，根本没轮到他跳皮筋。

肌肉老师吹响了集合的哨子，同

学们从四处跑了过来。

肌肉老师说："同学们，今天我们

来玩一个特别好玩的游戏。"

同学们顿时鼓起掌来："太好啦，

tài hǎo la
太 好 啦 。 ”

　　shéi zhī jī ròu lǎo shī ná chū le yì gēn pí jīn
　　谁 知 肌 肉 老 师 拿 出 了 一 根 皮 筋 ：

jīn tiān wǒ men lái tiào pí jīn
“ 今 天 我 们 来 跳 皮 筋 。 ”

　　wǒ hé jiāng xiǎo yá yūn dǎo
　　我 和 姜 小 牙 晕 倒 ！

老师
跳得真好!

……

　　tiě tóu hé wǒ bān de nǚ shēng gāo xìng de bù dé liǎo
　　铁 头 和 我 班 的 女 生 高 兴 得 不 得 了 。

　　jī ròu lǎo shī tiào de bǐ wǒ men bān de suǒ yǒu nǚ
　　肌 肉 老 师 跳 得 比 我 们 班 的 所 有 女

shēng dōu hǎo kàn lái tā xiǎo shí hou yí dìng zǒng hé nǚ háir
生 都 好 ， 看 来 他 小 时 候 一 定 总 和 女 孩儿

yì qǐ wán zhēn diū rén
一 起 玩 ， 真 丢 人 。

jī ròu lǎo shī yuè tiào yuè kāi xīn　　yāo qiú wǒ men
肌 肉 老 师 越 跳 越 开 心 ， 要 求 我 们

bān de suǒ yǒu tóng xué dōu zhì shǎo děi tiào yí cì
班 的 所 有 同 学 都 至 少 得 跳 一 次 。

jiù zhè yàng　　hěn hǎo wán de tǐ yù kè biàn chéng le
就 这 样 ， 很 好 玩 的 体 育 课 变 成 了

liǎng táng pí jīn kè
两 堂 皮 筋 课 。

wū wū wū　　　　jī ròu lǎo shī　　nǐ tài guò fèn le
呜 呜 呜 …… 肌 肉 老 师 ， 你 太 过 分 了

……

我和老爸的战斗

5月8日 星期六

yòu dào le xīng qī liù，wǒ zuì tǎo yàn de xīng qī
又到了星期六，我最讨厌的星期

liù，yīn wèi yòu yào qù měi shù bān le
六，因为又要去美术班了。

jīn tiān，wǒ bǎ wǒ de mèng jiǎng gěi lǎo bà tīng，kě
今天，我把我的梦讲给老爸听，可

shì lǎo bà gēn běn bú xìn："hā hā，mǐ xiǎo quān，nǐ
是老爸根本不信："哈哈，米小圈，你

bù zhī dào mèng dōu shì xiāng fǎn de ma？"
不知道梦都是相反的吗？"

"xiāng fǎn de？bú huì ba！"
"相反的？不会吧！"

lǎo bà yòu shuō："shuō bu dìng，yǐ hòu nǐ shì dà
老爸又说："说不定，以后你是大

huà jiā，jiāng xiǎo yá què shì mài bīng jī líng de ne。hā
画家，姜小牙却是卖冰激凌的呢。哈

hā hā hā
哈 哈 哈 ……"

lǎo bà xiào de hěn kǒng bù　zhēn ná tā méi bàn fǎ
老 爸 笑 得 很 恐 怖 ， 真 拿 他 没 办 法 。

kě shì wǒ qíng yuàn ràng jiāng xiǎo yá chéng wéi dà huà jiā
可 是 我 情 愿 让 姜 小 牙 成 为 大 画 家 ，

ér wǒ qù mài bīng jī líng
而 我 去 卖 冰 激 凌 。

lǎo bà shēng qì de shuō　　mǐ xiǎo quān　　jiù suàn nǐ
老 爸 生 气 地 说 ： "米 小 圈 ， 就 算 你

bù xiǎng dāng huà jiā　　yě yào zuò yì xiē yǒu chū xi de gōng
不 想 当 画 家 ， 也 要 做 一 些 有 出 息 的 工

zuò ya
作 呀 。 "

"哦，好吧，我不卖冰激凌了。"

"这就对了。"

"我卖爆米花总行了吧。"

"米小圈，你……"老爸差点儿被我气死，他坚决不同意自己的儿子成为没有出息的人。

可是如果家长都觉得卖爆米花的小孩儿没出息，那以后我们到哪里去买

不去行不行呀？

bào mǐ huā ne
爆 米 花 呢 ？

lǎo bà cái bù guǎn shéi qù mài bào mǐ huā de wèn tí
老 爸 才 不 管 谁 去 卖 爆 米 花 的 问 题 ，

tā zhuài qǐ wǒ xiàng měi shù bān zǒu qù
他 拽 起 我 向 美 术 班 走 去 。

jīn tiān de měi shù kè zhēn shi wú liáo tòu le lǎo
今 天 的 美 术 课 真 是 无 聊 透 了 ， 老

shī jiāo wǒ men huà xiàn miáo
师 教 我 们 画 线 描 。

wǒ zuì tǎo yàn xiàn miáo hái bù rú huà yí gè luó
我 最 讨 厌 线 描 ， 还 不 如 画 一 个 萝

bo huò zhě bái cài hǎo wán ne
卜 或 者 白 菜 好 玩 呢 。

wǒ líng jī yí dòng jǔ qǐ shǒu lái lǎo shī
我 灵 机 一 动 ， 举 起 手 来 ： "老 师 ，

lǎo shī wǒ yào shàng cè suǒ
老 师 ， 我 要 上 厕 所 。 "

wǒ lǎo bà zài jiào shì hòu miàn yě jǔ qǐ shǒu lái
我 老 爸 在 教 室 后 面 也 举 起 手 来 ：

lǎo shī bù néng tóng yì mǐ xiǎo quān shàng cè suǒ huà wán
"老 师 ， 不 能 同 意 米 小 圈 上 厕 所 ， 画 完

cái néng qù
才 能 去 。 "

bú guò měi shù lǎo shī hái shi tóng yì le xī xī
不 过 美 术 老 师 还 是 同 意 了 ， 嘻 嘻

…… 老师真好。

我走出美术教室，飞奔向姜小牙家。可是姜小牙却不在家，他去学乒乓球了。

我只好又飞奔到铁头家。铁头家里传出了**极其难听**的号声。原来铁头爸爸给铁头买了一把小号，铁头正在家里练习呢。

tiě tóu yě méi shí jiān péi wǒ wán　　zuì jìn dà jiā
铁 头 也 没 时 间 陪 我 玩 。 最 近 大 家

sì hū dōu hěn máng　 ài …… hǎo wú liáo a
似 乎 都 很 忙 ， 唉 …… 好 无 聊 啊 。

　méi yǒu rén péi wǒ wán　　wǒ zhǐ hǎo yí gè rén huí
没 有 人 陪 我 玩 ， 我 只 好 一 个 人 回

jiā le　　jiā li yí gè rén dōu méi yǒu　　wǒ zuān jìn dà
家 了 。 家 里 一 个 人 都 没 有 ， 我 钻 进 大

yī guì li shuì qǐ jiào lái
衣 柜 里 睡 起 觉 来 。

　bù zhī dào shuì le duō jiǔ　　wǒ tū rán tīng jiàn lǎo
不 知 道 睡 了 多 久 ， 我 突 然 听 见 老

bà de kū shēng
爸 的 哭 声 。

　　wū wū wū …… wǒ bǎ mǐ xiǎo quān nòng diū le
"呜 呜 呜 …… 我 把 米 小 圈 弄 丢 了 ，

wǒ zhēn bù gāi bī tā qù xué huà huà　　lǎo bà kū de
我 真 不 该 逼 他 去 学 画 画 。" 老 爸 哭 得

hǎo cǎn
好 惨 。

　lǎo mā shēng qì de shuō　　bié kū le　　gǎn kuài qù
老 妈 生 气 地 说 ："别 哭 了 ， 赶 快 去

gěi mǐ xiǎo quān de tóng xué dǎ diàn huà
给 米 小 圈 的 同 学 打 电 话 。"

　lǎo bà yòu kū　　zhǐ yào mǐ xiǎo quān néng huí lái
老 爸 又 哭 ："只 要 米 小 圈 能 回 来 ，

我就再也不逼他学画画了，呜呜呜……"

哈哈，真是太棒了，我一下子从大衣柜里跳了出来："老爸，你说的是真的吗？"

老爸和老妈大怒："米小圈……你跑哪去了？"

呜呜呜……老爸和老妈一起冲过来，把我打哭了。

我再也不敢啦……

"我错了，我再也不敢逃跑了，我以后一定认真去学画画。"我向父母承认了错误。

谁知老爸却说："米小圈，我已经想好了，如果你真的不愿意学画画，我也不逼你学了。"

"真的吗？哈哈，太棒了，终于不用学画画啦。"我高兴得跳了起来。

老妈说："可是你看你的同学都在上**特长班**，所以你必须得重新找一个特长才行。"

"这绝对没问题。"我觉得只要不去学画画，学什么都行呀。

老爸兴奋地说："好！米小圈从明天开始，寻找新的特长，做一个有特长的孩子。"

我的腿特长。

参观团来啦

5月10日 星期一

　　今天，我们学校来了一个外国小学生参观访问团。

　　铁头听后高兴得不得了："哈哈……太好了，我可以见到外国人啦……"

　　铁头啊，外国人有什么好稀奇的，如果能见到外星人才值得高兴呢。

　　其实我也很想见见外国小孩儿，那一定很有趣。

见到你很
happy……

　　wèi lǎo shī zhàn zài jiǎng tái shang xuān bù　　míng tiān xià
　　魏 老 师 站 在 讲 台 上 宣 布："明 天 下

wǔ xué xiào jiāng wèi zhè ge é luó sī fǎng wèn tuán jǔ bàn yì
午 学 校 将 为 这 个 俄 罗 斯 访 问 团 举 办 一

chǎng lián huān huì
场 联 欢 会。"

　　jiào shì li dùn shí luàn le qǐ lái　　tóng xué men dōu
　　教 室 里 顿 时 乱 了 起 来， 同 学 们 都

xiǎng cān jiā lián huān huì
想 参 加 联 欢 会。

　　wèi lǎo shī yòu shuō　　dàn shì rén shù yǒu xiàn　　suǒ
　　魏 老 师 又 说："但 是 人 数 有 限， 所

yǐ yǒu tè cháng néng biǎo yǎn jié mù de tóng xué cái néng cān jiā
以 有 特 长、 能 表 演 节 目 的 同 学 才 能 参 加。"

037

"啊？不会吧。"我很**失落**，我还没来得及学什么特长呢。

姜小牙第一个把手举了起来："老师，老师，我有特长。"

我接着说："老师，姜小牙的牙特长。"

哈哈哈哈……同学们笑成一片。

魏老师生气地说："米小圈，你给

那当然。

姜小牙，你的特长好多呀。

切！有什么了不起的。

我闭嘴。姜小牙，说说你的特长。"

"老师，我会唱歌、打乒乓球、下围棋、游泳还有书法，就让我去吧！"

呜呜……魏老师同意让姜小牙参加了。

铁头也站了起来："老师，我会吹小号，也让我参加吧！"

啊！铁头吹小号？铁头，你小号吹得那么难听，你这不是给我们丢人去了吗？

没想到魏老师也同意了。而且李黎、车驰，还有我同桌徐豆豆都有特长，就我没有。

wū wū wū ...... 老师，我也想参加。

wǒ gǎn kuài jǔ qǐ shǒu lái 老师，我也有
我 赶 快 举 起 手 来：" 老 师 ， 我 也 有

tè cháng
特 长 。 "

wèi lǎo shī wèn mǐ xiǎo quān shuō shuo nǐ de tè
魏 老 师 问：" 米 小 圈 ， 说 说 你 的 特

cháng
长 。 "

wǒ xiǎng le xiǎng wǒ huì xià wǔ zǐ qí tī zú
我 想 了 想：" 我 会 下 五 子 棋 、 踢 足

qiú pá shù jiǎng xiào hua wǒ hái huì
球 、 爬 树 、 讲 笑 话 ， 我 还 会 ...... "

wèi lǎo shī dǎ duàn wǒ mǐ xiǎo quān nǐ zhè suàn
魏 老 师 打 断 我：" 米 小 圈 ， 你 这 算

shén me tè cháng xià cì děng nǐ yǒu tè cháng le zài cān jiā ba
什 么 特 长 ， 下 次 等 你 有 特 长 了 再 参 加 吧 。 "

wū wū wū wèi lǎo shī jù jué le wǒ
呜 呜 呜 ...... 魏 老 师 **拒 绝** 了 我 。

联欢会的意外

5月11日 星期二

zuó wǎn　　　　wǒ bǎ wèi lǎo shī jù jué ràng wǒ cān jiā
昨　晚　，　我　把　魏　老　师　拒　绝　让　我　参　加

lián huān huì de shìr jiǎng gěi lǎo bà lǎo mā tīng
联　欢　会　的　事儿　讲　给　老　爸　老　妈　听　。

lǎo bà fēi chángshēng qì　　　　　mǐ xiǎo quān　　nǐ wàng jì
老　爸　非　常　生　气："米　小　圈，　你　忘　记

hahahaha……

041

　　　　le ma　nǐ huì huà huà ya
了吗？你会画画呀。"

　　　　　kě shì lǎo bà　　wǒ huà de zhēn de hěn nán kàn
　　"可是老爸，我画得真的很难看，

wàn yī wài guó xiǎo péng yǒu xiào hua wǒ zěn me bàn　duō diū
万一外国小朋友笑话我怎么办？多丢

rén a
人啊。"

　　　　lǎo mā bāng wǒ xiǎng chū le yí gè hǎo bàn fǎ　　mǐ
　　老妈帮我想出了一个好办法："米

xiǎo quān　nǐ hái yǒu yí gè tè cháng nǐ wàng jì le ma
小圈，你还有一个特长你忘记了吗？"

　　　　shén me tè cháng　　wǒ zěn me bú jì de le
　　"什么特长，我怎么不记得了？"

wǒ xiǎng lái xiǎng qù　dōu méi yǒu xiǎng dào
我想来想去都没有想到。

　　　　lǎo mā shuō　　nǐ bú shì huì chàng gē ma
　　老妈说："你不是会唱歌吗？"

　　　　zhè suàn shén me tè cháng　　wǒ men bān tóng xué dōu huì
　　"这算什么特长，我们班同学都会

a
啊。"

　　　　dàn tā men yí dìng bú huì é yǔ gē　wǒ jiāo nǐ
　　"但他们一定不会俄语歌，我教你

yì shǒu é yǔ gē　　nǐ bú jiù kě yǐ biǎo yǎn le ma
一首俄语歌，你不就可以表演了吗？"

hā hā　　　　lǎo mā zhēn shì gè tiān cái
哈 哈 …… 老 妈 真 是 个 天 才。

chī wán wǎn fàn　　lǎo mā kāi shǐ jiāo wǒ é yǔ gē
吃 完 晚 饭， 老 妈 开 始 教 我 俄 语 歌，

wǒ xué de hěn rèn zhēn　　bù yí huìr jiù xué huì le
我 学 得 很 认 真， 不 一 会 儿 就 学 会 了。

真好听，
真好听……

jīn tiān shàng xué　　wèi lǎo shī gāng yì zǒu jìn jiào shì
今 天 上 学， 魏 老 师 刚 一 走 进 教 室，

wǒ jiù bǎ shǒu jǔ le qǐ lái　　lǎo shī　　lǎo shī　　wǒ
我 就 把 手 举 了 起 来：" 老 师， 老 师， 我

yǒu tè cháng la
有 特 长 啦。"

wèi lǎo shī yǒu diǎnr bú xìn　　zhè me kuài　　mǐ
魏 老 师 有 点 儿 不 信：" 这 么 快？ 米

xiǎo quān　　nǐ yí gè wǎn shang jiù néng xué huì yì mén tè cháng
小 圈， 你 一 个 晚 上 就 能 学 会 一 门 特 长？"

wǒ gǎn kuài shuō shì zhēn de lǎo shī wǒ huì
我赶快说："是真的，老师，我会

chàng é yǔ gē bú xìn wǒ chàng gěi nǐ tīng ting
唱俄语歌，不信我唱给你听听。"

wǒ dāng zhe dà jiā de miàn chàng le qǐ lái wèi lǎo
我当着大家的面唱了起来，魏老

shī hé tóng xué men gǔ qǐ zhǎng lái
师和同学们**鼓起掌来**。

wèi lǎo shī chēng zàn dào ng mǐ xiǎo quān nǐ
魏老师称赞道："嗯，米小圈，你

zhè shǒu é yǔ gē chàng de zhēn bú cuò kě shì míng é yǐ
这首俄语歌唱得真不错，可是**名额**已

jīng mǎn le
经满了。"

ǎ míng é mǎn le wǒ zěn me zhè me
"啊！名额满了……"我怎么这么

我不让，
我不让……

dǎo méi a
倒霉啊。

wèi lǎo shī xiǎng le xiǎng dàn shì mǐ xiǎo quān chàng
魏老师想了想："但是米小圈唱

de zhēn de hěn hǎo yào bù xíng tiě nǐ bǎ míng é ràng
得真的很好，要不，邢铁，你把名额让

gěi mǐ xiǎo quān ba
给米小圈吧。"

tiě tóu yì tīng dà kū dà nào qǐ lái wū wū wū
铁头一听大哭大闹起来："呜呜呜

wǒ bú ràng wǒ yǒu tè cháng wǒ huì chuī xiǎo hào
……我不让，我有特长，我会吹小号……"

tiě tóu kū de hěn cǎn wèi lǎo shī zuì pà tiě tóu
铁头哭得很惨，魏老师最怕铁头

kū le zhǐ hǎo hái ràng tiě tóu cān jiā
哭了，只好还让铁头参加。

zhè shí wǒ gǎn kuài zhuāng kū qǐ lái wū wū wū
这时，我赶快装哭起来："呜呜呜

lǎo shī wǒ yě yào qù wǒ yě yào qù
……老师，我也要去……我也要去……"

wèi lǎo shī zuǒ yòu wéi nán zhǐ hǎo pò lì tóng yì
魏老师左右为难，只好**破例**同意

wǒ hé tiě tóu yì qǐ qù cān jiā lián huān huì
我和铁头一起去参加联欢会。

hā hā tài bàng le
哈哈……太棒了。

我们期待的下午很快就到来了，
大家兴高采烈地来到学校的大教室。

铁头突然指着参观团大喊："呀！
外国人。"

魏老师批评了铁头："邢铁，不许
这么没有礼貌。"

铁头又喊："呀！亲爱的外国人。"

哈哈哈哈……同学们都笑了起来。

还好，外国小朋友听不懂中文，否
则一定会被铁头气死的。

校长大人宣布联欢会正式开始。

俄罗斯小朋友率先表演了一个俄
罗斯舞蹈。他们跳得真棒呀。

wǒ men zhōng guó de xiǎo hái ér yě bù néng shū gěi tā
我 们 中 国 的 小 孩 儿 也 不 能 输 给 他

men sì bān de tián lì li chàng le yì shǒu zhōng guó mín gē
们 ，四 班 的 田 丽 丽 唱 了 一 首 **中 国 民 歌**，

yǐn lái le é luó sī xiǎo péng yǒu de zhèn zhèn zhǎng shēng
引 来 了 俄 罗 斯 小 朋 友 的 阵 阵 掌 声 。

wèi lǎo shī duì wǒ men shuō tóng xué men xià gè
魏 老 师 对 我 们 说 ："同 学 们 ，下 个

jié mù shéi xiǎng shàng qù biǎo yǎn
节 目 谁 想 上 去 表 演 ？"

tiě tóu dì yī gè bǎ shǒu jǔ le qǐ lái lǎo
铁 头 第 一 个 把 手 举 了 起 来 ："老

shī wǒ qù wǒ qù
师 ，我 去 ！我 去 ！"

wèi lǎo shī yǒu diǎnr huái yí de wèn xíng tiě
魏 老 师 有 点 儿 怀 疑 地 问 ："邢 铁 ，

难听……难听……

你真的准备好了吗？"

铁头说："放心吧，老师，我准备好了。"

铁头走上台，吹起了他的小号。

呜呜呜……铁头吹得太难听了。

俄罗斯小朋友都快笑到凳子底下去了。

铁头啊，你真给我们中国孩子丢脸。

透明人铁头

5月12日 星期三

wǒ bù dé bù chéng rèn zuó tiān de lián huān huì wǒ
我 不 得 不 承 认 ， 昨 天 的 联 欢 会 我

men shī bài le shī bài jí le é luó sī xiǎo hái r yì
们 失 败 了 ， 失 败 极 了 。 俄 罗 斯 小 孩 儿 一

tīng dào tiě tóu de hào shēng quán dōu xiào pā xià le zhēn
听 到 铁 头 的 号 声 ， 全 都 笑 趴 下 了 ， 真

diū rén
丢 人 。

dōu guài tiě tóu bù hǎo chuī de nà me nán tīng hái
都 怪 铁 头 不 好 ， 吹 得 那 么 难 听 还

gǎn shàng tái biǎo yǎn
敢 上 台 表 演 。

jīn tiān yí dà zǎo quán bān tóng xué shāng liang yào
今 天 一 大 早 ， 全 班 同 学 商 量 ， 要

chéng fá yí xià tiě tóu shéi dōu bù xǔ lǐ tā
惩 罚 一 下 铁 头 ， 谁 都 不 许 理 他 。

朋友们，我就在这儿啊。

你看见铁头了吗？

他已经很久没来了。

tiě tóu bào zhe zú qiú pǎo dào wǒ de miàn qián
铁头抱着足球，跑到我的面前：

mǐ xiǎo quān wǒ men qù tī zú qiú hǎo bù hǎo
"米小圈，我们去踢足球好不好？"

wǒ jiǎ zhuāng hěn hài pà de pǎo kāi āi yā zú
我假装很害怕地跑开："哎呀，足

qiú zěn me zì jǐ piāo qǐ lái la jiù mìng ya
球怎么自己飘起来啦，**救命呀！**"

tiě tóu zài hòu miàn zhuī mǐ xiǎo quān shì wǒ ya
铁头在后面追："米小圈，是我呀，

nǐ de hǎo péng you
你的好朋友。"

tiě tóu ná zhe yí gè bàng bang táng lái dào shù xià qù
铁头拿着一个棒棒糖来到树下去

找姜小牙玩："姜小牙，你要是跟我玩，我就把棒棒糖送给你。"

姜小牙一口把棒棒糖咬在嘴里，撒腿就跑："好神奇呀，树上长棒棒糖啦……"

嘻嘻，大家都不理铁头，他彻底被大家当作了透明人，就连魏老师也不放过铁头。

……

李黎，你来回答。

老师，我会！我会！我会！我会！我会……

数学课上，铁头把手举得高高的，可是魏老师就是不叫他回答问题。

一整天，都没有同学理透明人铁头，他快被气死了。

放学了，铁头对大家说："我不吹了还不行吗，求求你们不要不理我……"

哈哈，我们的目的终于达到了，铁头又变成了我们的好朋友。

小号的诱惑

5月13日 星期四

zuó wǎn　　wǒ bǎ tiě tóu bèi dà jiā biàn chéng tòu míng
昨　晚　，我 把 铁 头 被 大 家 变 成 透 明

rén de shì qíng jiǎng gěi lǎo mā tīng　　jié guǒ bèi lǎo mā tòng
人 的 事 情 讲 给 老 妈 听 ，结 果 被 老 妈 痛

mà le yí dùn
骂 了 一 顿 。

嘀嘀嘀……　　嘀嘀嘀……

老妈说："你们这样做会毁了铁头的，说不定他会成为一位著名的小号演奏家呢？"

可是老妈，你是不知道铁头吹小号有多难听。真是**惊天地泣鬼神**呀。

今天一大早，铁头就跑到我身边："米小圈，给你。"

铁头拿了一大块巧克力给我。

"哇！巧克力。铁头你真是太够朋友啦。"我接过巧克力吃了起来。

铁头说："米小圈，你不是在寻找特长吗？"

"对呀，但还没找到。"

"我帮你找到了，你也可以学小号啊。"

"啊！学小号？我倒是很喜欢吹口琴，但不知道小号我能不能学会？"

你真这样认为吗？

米小圈，你可真是个音乐天才。

铁头坏笑着说："一定能学会的，你米小圈可是个音乐天才啊。"

嘻嘻，原来铁头也看出我是音乐天才来了呀。

我又说："可是我没有小号啊。"

铁头说："米小圈，为了让你学，我决定不学了，把我的小号卖给你，我给你打八折。"

"这个这个……可是我得回家商量一下。"

"你可要抓紧，姜小牙也想买我的小号呢。"

"啊？不行，你一定要卖给我。"

"这没问题，谁让我们是好朋友呢，嘻嘻。"

放学回到家，我把要学小号的事讲给老爸听，老爸非常地赞同。

"哈哈，米小圈，这个特长不错，只要你努力，一定会成为非常非常著名的小号演奏家的。"

"一定会成为吗？"我有点儿怀疑。

"一定会，因为你是我的儿子嘛，哈哈……"

"可是老爸，你唱歌跑调呀。"

"这个这个……反正会成为的。"

我和老爸拿着800元钱，跑去铁头家，买下了铁头的小号。

老爸太慷慨了，放心吧，我米小圈一定会努力的。

我爱吹小号

5月15日 星期六

今天，我上了有生以来第一节小号课。

小号老师是个很有趣的人，因为

姐姐好。

呜呜，我是男士……

他留了漂亮的长头发。

小号老师很**纳闷**，铁头怎么变成了米小圈？

我告诉老师，铁头不学了，把小号卖给了我。

小号老师高兴极了："哈哈，太好了，这孩子终于不来了，他吹得太差了……"

嘻嘻……看来小号老师也受不了铁头的号声。

老师拿起他的小号，为我吹了一段**美妙的音乐**。老师吹得真好听，我什么时候也能吹得这么好听呢？

小号老师说："你这种800元钱的小

hào   zhǐ shì rù mén jí de   rú guǒ huàn yí gè guì de
号，只是入门级的。如果换一个贵的，

kě yǐ chuī de gèng hǎo tīng
可以吹得更好听。"

qí guài   lǎo shī zěn me zhī dào wǒ de xiǎo hào shì
奇怪，老师怎么知道我的小号是

yuán mǎi de
800元买的？

xiǎo hào lǎo shī shuō   zhè yǒu shén me qí guài de
小号老师说："这有什么奇怪的，

zhè bǎ xiǎo hào shì wǒ dài xíng tiě qù mǎi de   cái huā le
这把小号是我带邢铁去买的，才花了

yuán   gòu pián yi ba
800元，够便宜吧？"

ǎ   cái huā le   yuán
"啊！才花了800元？"

呜呜……铁头骗我说是1000元买的，还给我打了八折。

铁头，我跟你没完！

我本以为小号课一定很有趣，可以吹很多美妙的曲子。可是小号老师却说："吹曲子是一年以后的事情，第一年只能练习**基本功**。"

结果，第一节课，小号老师只教我吹了一个音节"哆"。

哎呀，好无聊啊！

下课的时候，小号老师表扬了我："米小圈，你比邢铁强多了，他第一节连'哆'都没学会。"

lǎo shī nà wǒ xià jié kè shì bú shì kě yǐ chuī
"老师，那我下节课是不是可以吹

qǔ zi le
曲子了？"

lǎo shī xiǎng le xiǎng hǎo ba xià jié kè kāi shǐ
老师想了想："好吧，下节课开始

ràng nǐ chuī qǔ zi
让你吹曲子。"

lǎo shī wàn suì wǒ gāo xìng de tiào le qǐ lái
"老师万岁。"我高兴得跳了起来。

lǎo shī jiē zhe shuō shì yóu duō hé lái
老师接着说："是由'哆'和'来'

zǔ chéng de qǔ zi
组成的曲子。"

wū wū nà bù hái shi chuī yīn jié ma
呜呜……那不还是吹音节吗？

我不会放弃的

5 月 16 日 星期日

新的一天开始了，我又可以去学小号啦，我已经**迫不及待**了。

这节课终于不用再学习"哆"了，

米小圈，你真是个天才！

zhè gǎn jué zhēn shì bàng jí le
这 感 觉 真 是 棒 极 了 。

wǒ zǎo zāor lái dào yīn yuè xué xiào
我 早 早儿 来 到 音 乐 学 校 。

xiǎo hào lǎo shī wèn mǐ xiǎo quān nǐ duō
小 号 老 师 问 ：" 米 小 圈 ， 你 '哆'

chuī de zěn me yàng le
吹 得 怎 么 样 了 ？ "

lǎo shī méi wèn tí ya wǒ yǐ jīng dào chuī rú
" 老 师 ， 没 问 题 呀 ， 我 已 经 倒 吹 如

niú le
牛 了 。 "

ǎ chuī niú xiǎo hào lǎo shī hěn nà mèn
" 啊 ！ 吹 牛 ？ " 小 号 老 师 很 纳 闷 。

xī xī jiù shì dào bèi rú liú de yì si ya
" 嘻 嘻 ， 就 是 倒 背 如 流 的 意 思 呀 。 "

nà hǎo nǐ chuī yí gè wǒ tīng ting xiǎo hào
" 那 好 ， 你 吹 一 个 我 听 听 。 " 小 号

lǎo shī yōu xián de zuò zài tā de tǎng yǐ shang
老 师 悠 闲 地 坐 在 他 的 躺 椅 上 。

wǒ gǔ zhe dù pí yòng jìn lì qi chuī le qǐ
我 鼓 着 肚 皮 ， 用 尽 力 气 ， 吹 了 起

lái duō
来 ：" 哆 …… "

tíng xiǎo hào lǎo shī dǎ duàn le wǒ mǐ
" 停 ！ " 小 号 老 师 打 断 了 我 ，" 米

小圈，你的'哆'吹的音不准啊，你是
不是回家没练习呀？"

"这个……好像是没怎么练习。"
我惭愧地说。

老师批评道："我不是跟你说过
吗？必须天天练习才行，否则就会退步。"

"可是老师，我一吹邻居们就来砸
我家的门。"

不要再制造噪音啦！

如果我有时光机

小号老师说："米小圈，你记住，所谓天才就是不论你怎么阻止他、打击他，他都不放弃的人。你是想做天才呢？还是蠢材？"

"当然是天才。"

"那你就不要管别人的看法。"

"嗯，老师，我明白了，我回家一定好好儿练。老师，快教我下一个音节吧。"

"不行，你退步了，得重新学。"

小号老师拒绝了我。

呜呜呜……结果我又吹了一节课的"哆"，好无聊呀。

bú guò wǒ jué de xiǎo hào lǎo shī shuō de duì bù
不 过 我 觉 得 小 号 老 师 说 得 对 ， 不

guǎn shéi zǔ zhǐ wǒ wǒ yě yào chuī zhè yàng cái néng chéng
管 谁 阻 止 我 ， 我 也 要 吹 ， 这 样 才 能 成

wéi yí gè tiān cái
为 一 个 天 才 。

一点儿都不好玩

5 月 22 日　星期六

今天一大早，姜小牙拿着他新买的游戏机跑来找我玩。

"米小圈，你看！"

真好玩呀！

姜小牙，借我玩玩呗？

"哇！游戏机。"

可是姜小牙不借给我，呜呜……

我从冰箱里拿出可乐："姜小牙，求你了，借我玩玩呗！"

姜小牙看在可乐的面子上，把游戏机借给了我。

我玩得正过瘾，老爸却跳了出来："米小圈，你该去学小号了，快走！"

我边玩边说："老爸，让我再玩一小会儿呗。"

老爸把游戏机抢了过去："不行，要迟到了，快走！"

就这样，我被老爸拽去了音乐学校。

可是姜小牙喝光了我的可乐，我却没玩够他的游戏机，多亏啊！

今天，小号老师决定教我一些新东西。

我兴奋地问："老师，什么新东西？"

小号老师说："我今天教你吹'发'这个音节。"

啊？那不还是音节吗？真无聊。

发发
发发发

ZZZZ

070

就这样，我又吹了一节课的音节。

我都能猜到小号老师下节课说什么。他一定会说，米小圈，我再教你更好玩的东西，吹"**哆来咪发唆**"。

唉……原来学音乐并没想象中的有趣，还是游戏机好玩。要是把小号做成游戏机，那大家一定都喜欢学。

晚饭时，我**郑重其事**地向老爸提

出我不想学小号了。

老爸听完，差点儿把饭喷到我的脸上："不行！米小圈，这可是你自己说想学的。"

"是呀，我这不也是自己提出来不学的嘛。"

老爸气愤地说："米小圈，那可是我花800元给你买的呀。"

最后，经过我和老爸的**谈判**，老爸答应我，只要我能把小号卖出去，他就同意不让我学了。

可是该卖给谁呢？对了！姜小牙。

你太厉害啦

5月23日 星期日

wǒ děi xiǎng gè bàn fǎ cái xíng， rú guǒ zhí jiē gào
我 得 想 个 办 法 才 行， 如 果 直 接 告

sù jiāng xiǎo yá， wǒ shì yīn wèi jué de chuī xiǎo hào hěn wú
诉 姜 小 牙， 我 是 因 为 觉 得 吹 小 号 很 无

liáo cái bù xué de， tā yí dìng bú huì mǎi de
聊 才 不 学 的， 他 一 定 不 会 买 的。

对了，我也去给姜小牙买一块巧克力。铁头就是这样把小号卖给我的。

我带着巧克力跑去姜小牙家，姜小牙正准备去学乒乓球。

"米小圈，你自己吃吧，我没时间陪你玩了，我得去学乒乓球。"

"姜小牙，我和你一起去吧。"为了卖掉小号，我决定充当姜小牙的球童。

姜小牙同意了，我和他一起来到乒乓球馆。

哇！学乒乓球的小孩儿可真多呀，大家像模像样地练习着。

姜小牙说："这有什么呀，我姜小

牙在这里是水平最高的小孩儿。"

"真的假的呀?"我有点儿怀疑姜小牙。

乒乓球教练吹起了哨子:"同学们,停一下,我有件事要宣布。下个月市里要举办一次少年乒乓球比赛,我们学校会**推荐**五名同学参加。"

同学们顿时乱了起来,谁不想参

jiā ne
加 呢？

pīng pāng qiú jiào liàn yòu shuō suǒ yǐ wǒ men jīn tiān
乒 乓 球 教 练 又 说："所 以 我 们 今 天

jiāng lái yì chǎng táo tài sài zuì zhōng shèng xià de wǔ míng tóng
将 来 一 场 淘 汰 赛，最 终 剩 下 的 五 名 同

xué jiāng huò dé cān sài zī gé
学 将 获 得 参 赛 资 格。"

jiāng xiǎo yá zhè cì yí dìng huì chū jìn fēng tou yīn
姜 小 牙 这 次 一 定 会 出 尽 风 头，因

wèi tā shì zhè xiē xiǎo háir li shuǐ píng zuì gāo de
为 他 是 这 些 小 孩 儿 里 水 平 最 高 的。

jiāng xiǎo yá de dì yī gè duì shǒu shì yí gè xiǎo pàng
姜 小 牙 的 第 一 个 对 手 是 一 个 小 胖

zi bǐ sài yì kāi shǐ wǒ jiù chéng le jiāng xiǎo yá de
子。比 赛 一 开 始，我 就 成 了 姜 小 牙 的

lā lā duì yuán
啦 啦 队 员。

jiāng xiǎo yá jiā yóu jiāng xiǎo yá jiā yóu
"姜 小 牙 加 油！姜 小 牙 加 油！"

wā guǒ rán lì hai wā tài lì hai la
哇！果 然 厉 害。哇！太 厉 害 啦。

wā wā wā jiāng xiǎo yá jū rán dǎ chū le bǐ de
哇！哇！哇！姜 小 牙 居 然 打 出 了 11 比 0 的

chéng jì dàn tā shì bèi dǎ de hā hā hā hā
成 绩，但 他 是 被 打 的。哈 哈 哈 哈……

姜小牙，
你太丢人啦
……哈哈哈

^{jiāng} ^{xiǎo} ^{yá} ^{jiù} ^{huì} ^{chuī} ^{niú}   ^{qí} ^{shí} ^{tā} ^{shì} ^{zhè} ^{lǐ}
姜 小 牙 就 会 吹 牛 ， 其 实 他 是 这 里

shuǐ píng zuì chà de
水 平 最 差 的 。

jiāng xiǎo yá dà bǐ fēn shū diào le bǐ sài nán guò
姜 小 牙 大 比 分 输 掉 了 比 赛 ， 难 过

jí le wǒ zǒu guò lái ān wèi tā jiāng xiǎo yá qí
极 了 。 我 走 过 来 安 慰 他 ："姜 小 牙 ， 其

shí nǐ dǎ de bú shì hěn chà
实 你 打 得 不 是 很 差 。 "

zhēn de
"真 的 ？ "

shì ya nǐ nà shì xiāng dāng de chà le hā hā
"是 呀 ， 你 那 是 相 当 地 差 了 ， 哈 哈

hā hā
哈 哈 …… "

姜小牙差点儿被我气死。

我赶快说："姜小牙，你应该学个适合你的特长。"

姜小牙问："可什么特长适合我呢？"

"音乐啊。"我赶快推荐我的小号，"特别是小号，我觉得你一定能学好。"

"可你不是说你米小圈才是音乐天才吗？"

"我哪能跟你比呢，你要是想学，我可以把我的小号卖给你，我是1600元买的，我五折卖给你，多**划算**。"

"这么便宜？"

"那当然，谁让我们是朋友呢，嘻嘻……"

就这样，我成功地把小号卖给了姜小牙。我终于不用学小号啦，万岁！

电视机争夺战

5月26日 星期三

姜小牙在我的劝说下，真的认认
真真学起了小号。

我猜小号老师一定让姜小牙吹了
一节课的"哆"，哈哈。

可姜小牙却说，老师说他**天赋**高
极了，第一节课教他吹了"哆来咪"。

"什么？小号老师太**偏心**了，难道
老师就没问我为什么不去了吗？"我

hěn shēng qì de shuō
很 生 气 地 说 。

nà dào méi yǒu tā zhǐ shì hěn gāo xìng shuō mǐ
"那 倒 没 有 ， 他 只 是 很 高 兴 ， 说 米

xiǎo quān zhōng yú bù lái le hā hā hā hā
小 圈 终 于 不 来 了 ， 哈 哈 哈 哈 ……"

wū wū xiǎo hào lǎo shī nǐ tài guò fèn le
呜 呜 …… 小 号 老 师 ， 你 太 过 分 了 ……

mǎ shàng jiù yào shàng kè le wǒ de tóng zhuō xú dòu
马 上 就 要 上 课 了 ， 我 的 同 桌 徐 豆

dou chōng le jìn lái āi yā chà yì diǎnr jiù chí dào
豆 冲 了 进 来 ： "哎 呀 ， 差 一 点 儿 就 迟 到

le zhēn xìng yùn ya
了 ， 真 幸 运 呀 。"

wǒ kàn le kàn biǎo tóng zhuō nǐ jīn tiān jìn bù
我 看 了 看 表 ： "同 桌 ， 你 今 天 进 步

很大嘛，比昨天提前了三分钟。"

"主要是最近看动画片看得太晚了，嘻嘻，所以就迟到了嘛。"

"什么动画片这么好看？"

"不是吧，米小圈，《功夫狗熊》你没看过？"

同学们都笑我落伍了，连《功夫狗熊》都没看过。

呜呜呜……最近一直在练小号，哪

呜呜……我要看动画片。

不许看！

有时间看啊。

不过现在好了，我已经不用学小号了，可以看个够。

放学后，我第一个冲出教室，向家里跑去。

一回到家，我赶快钻进房间写起了作业。

老妈端着水果走了进来："米小圈，你这么爱学习，老妈真高兴。"

我边写边说："老妈，我要赶快把作业写完，然后看动画片去。"

老妈听完，差点儿晕倒，不再高兴了。

我终于把作业写完了，全家人吃

起了 晚餐。

很奇怪，老爸今天吃饭的速度超级快。

我问道："老爸，又没人跟你抢，你干吗吃得那么快呀？"

"今天有足球赛，中国队对战韩国队，所以我得赶紧吃。"

"啊！可是一会儿我要看动画片呀。"

"那不行！我一定要看足球。"

"可是大人不是应该让着小孩儿的吗？"

"是呀，但今天不行。"老爸很坚决地说。

我和老爸谁也不愿意让谁，我们开始比赛吃饭。

我是小孩儿，没老爸吃得快。结果，

wǒ shū gěi le lǎo bà　　wū wū wū
我 输 给 了 老 爸 。 呜 呜 呜……

lǎo bà dǎ kāi diàn shì jī　kàn qǐ le zú qiú
老 爸 打 开 电 视 机 , 看 起 了 足 球 。

wǒ pǎo qù yāng qiú lǎo bà　　lǎo bà　ràng wǒ kàn
我 跑 去 央 求 老 爸 : "老 爸 , 让 我 看

yí huìr dòng huà piàn ba　　qiú nǐ le
一 会儿 动 画 片 吧 , 求 你 了 。 "

bù xíng　mǐ xiǎo quān　wǒ kàn wán nǐ zài kàn
"不 行 ! 米 小 圈 , 我 看 完 你 再 看 。 "

kě shì nǐ kàn wán　dòng huà piàn zǎo jiù yǎn wán le
"可 是 你 看 完 , 动 画 片 早 就 演 完 了 。 "

zhè shí　　wǒ chèn lǎo bà bú zhù yì　　bǎ yáo kòng qì
这 时 , 我 趁 老 爸 不 注 意 , 把 **遥 控 器**

qiǎng le guò lái　huàn dào le dòng màn pín dào　hā hā
抢 了 过 来 , 换 到 了 动 漫 频 道 。 哈 哈……

lǎo bà shuō　　mǐ xiǎo quān　nǐ yǐ wéi bǎ yáo kòng
老 爸 说 : "米 小 圈 , 你 以 为 把 遥 控

qì qiǎng qù wǒ jiù méi bàn fǎ le ma　kàn wǒ de
器 抢 去 我 就 没 办 法 了 吗 ? 看 我 的 。 "

lǎo bà zài diàn shì jī shang yí àn　　yòu huàn huí le
老 爸 在 电 视 机 上 一 按 , 又 换 回 了

tǐ yù pín dào
体 育 频 道 。

wǒ yòu yí àn　　huí dào le dòng màn pín dào
我 又 一 按 , 回 到 了 **动 漫 频 道** 。

老爸再按，我又按；老爸又按，我
再按；老爸还按，我还按；老爸……

"哎呀，老爸，电视机没图像了。"

呜呜呜……电视机被我和老爸给
弄坏了。

我拍了拍电视机，还是没图像，只
有声音。

老爸说："米小圈，我上大学时学
过无线电维修，看我的。"

是你弄的!

是你弄坏的!!!

老爸用工具打开电视机盖，看了又看，说道："好像是接触不良造成的。米小圈，快去拿胶带，我把它粘上。"

我赶快跑去拿胶带。可是我没听说过用胶带修电视机的。

老爸把胶带粘在电视机里，得意地说："大功告成！"

"老爸万岁！"我高兴得跳了起来。

我们插上电源，打开电视机一看，哇！这次不但没有图像了，连声音也没有了。呜呜……

老爸啊，你总是不懂装懂，真拿你没办法。

我要当大侠

5月29日 星期六

jīn tiān yí shàng wǔ dōu méi yǒu jiàn dào lǎo bà
今 天 一 上 午 都 没 有 见 到 老 爸。

wǒ wèn lǎo mā　　　　lǎo bà qù nǎr le
我 问 老 妈："老 爸 去 哪儿 了？"

lǎo mā bú nài fán de shuō　　　nǐ lǎo bà zài wū li
老 妈 不 耐 烦 地 说："你 老 爸 在 屋 里

dāng dà xiá ne　　lián zǎo fàn dōu méi chī
当 大 侠 呢，连 早 饭 都 没 吃。"

　　dāng dà xiá？　　wǒ wán quán bèi lǎo mā shuō yūn le
"当 大 侠？" 我 完 全 被 老 妈 说 晕 了。

wǒ lái dào lǎo bà de fáng jiān yí kàn　　tā zhèng zài
我 来 到 老 爸 的 房 间 一 看，他 正 在

mù bù zhuǎn jīng de kàn yì běn shén me shū
目 不 转 睛 地 看 一 本 什 么 书。

　　lǎo bà　nǐ kàn shén me shū ne　　　wǒ wèn dào
"老 爸，你 看 什 么 书 呢？" 我 问 道。

wǒ zài kàn wǔ xiá xiǎo shuō
"我 在 看 武 侠 小 说 。"

wǔ xiá xiǎo shuō zhè yǒu shén me kě kàn de zhè
"武 侠 小 说 ？这 有 什 么 可 看 的 ？这

shì jiè yòu méi yǒu dà xiá
世 界 又 没 有 大 侠 。"

lǎo bà yǒu xiē nán guò de shuō ài yào shi
老 爸 有 些 难 过 地 说 ："唉 …… 要 是

wǒ huó zài gǔ dài wǒ yí dìng yào qù shào lín sì
我 活 在 古 代 ，我 一 定 要 去 **少 林 寺** 。"

qù shào lín sì lǎo bà nǐ xiǎng chū jiā
"去 少 林 寺 ？老 爸 ，你 想 出 家 ？"

wǒ wèn dào
我 问 道 。

shén me ya wǒ yào qù shào lín sì xué jué shì wǔ
"什 么 呀 ，我 要 去 少 林 寺 学 **绝 世 武**

功，然后去行侠仗义，当一个大侠。"

"老爸，你现在也可以行侠仗义呀。"

"现在也可以？"老爸有些纳闷。

我说："对呀，下午我同桌徐豆豆来咱家写作业，嘻嘻，你仗义一下，给点儿钱呗。"

"啊！要钱？没有，没有。"老爸可真抠门。

把钱拿出来！

饶命啊，你可是我儿子呀！

下午，我同桌徐豆豆来了，她带了两瓶可乐，我们边喝边写起了作业。

徐豆豆真不是一个聪明的女孩儿，好多题都写不出来，总是偷看我的。这哪里是一起写作业呀，明明是在抄我的作业嘛。

我们写完作业，我提议，去公园打羽毛球。

徐豆豆举双手赞成："好呀，好呀，我可是羽毛球高手耶。"

我们来到公园，打起了羽毛球。徐豆豆没有吹牛，她真的是一个羽毛球"高手"——她刚一接到球，一

xià zi jiù bǎ qiú dǎ dào shù shang qù le
下子就把球打到树上去了。

wū wū wū wǒ men hái méi kāi shǐ wán ne jiù
呜呜呜……我们还没开始玩呢，就

jié shù le
结束了。

yǔ máo qiú wán bù chéng le wǒ men zhǐ hǎo qù jiǎ
羽毛球玩不成了，我们只好去假

shān shang wán
山上玩。

zhè shí xú dòu dou zhǐ zhe yì qún liàn wǔ shù de
这时，徐豆豆指着一群练武术的

xiǎo háir shuō mǐ xiǎo quān nǐ kuài kàn
小孩儿说："米小圈，你快看！"

shí jǐ gè xiǎo háir zhèng zài gēn yí wèi dà shū liàn xí
十几个小孩儿正在跟一位大叔练习

好棒呀！

武术。好吧，我**姑且**叫他武功大叔。

武功大叔拿出一块木板，用手一下子把木板**劈成了两半**。

"哇！大侠，太厉害啦！"我忍不住喊出声来。

练功的小孩儿都听到了，大笑起来。

武功大叔微笑着说："那小孩儿，你过来。"

"啊！是在叫我？"我赶快跑过去。

武功大叔问："你也对武术感兴趣吗？"

"嗯，特别感兴趣，我也想成为武林高手。"

小孩儿们又大笑起来。

武功大叔说："如果你愿意学的话，明天开始就加入我们吧。"

"真的吗？太好啦……"我高兴得跳了起来。

是武功还是罚站

5月30日 星期日

今天我很早就起床了，我一定要好好儿练习武术，以后铁头他们就都不是我的对手了，必须听我的。

圈大侠，我错啦！

老爸生气地说："米小圈，你练武术就是为了欺负姜小牙和铁头吗？"

"当然不是。"

"嗯，算你还有点儿**武德**。"

"我还要欺负表弟大牛，他以前总是欺负我。"

老爸差点儿气晕过去。

开个玩笑而已，干吗跟小孩儿那么认真呢？!

我吃了早点，穿上**练功服**，来到公园。有几个小孩儿已经到了，武功大叔正在教他们练习。

我跑了过去："报告！武功大叔，

我来了。"

"武功大叔？哈哈哈哈……"几个小孩儿笑了起来。

武功大叔有些没面子地说："米小圈，不许叫我武功大叔，要叫**师傅**。"

"好的，武功大叔，哦不，师傅。"

武术训练正式开始，我的师兄们练了起来，可是我还没开始学呢。

武功大叔，你好啊！

要叫师傅。

哈哈哈哈哈哈

哈哈

我问道："师傅，你今天准备教我什么武功呀？"

师傅说："我来教你武术中最最重要的功夫。"

"降龙十八掌？"

"什么呀，是扎马步！"

"扎马步是什么？"我问道。

"扎马步嘛就是……"师傅想了想，"就是扎马步。"

就这样我跟师傅学起了扎马步。我终于明白什么是扎马步了，不就是蜷着腿罚站嘛。我经常在家里被罚站，这次就不用了吧。

yì zhěng gè zǎo shang　　wǒ de shī xiōng men dōu zài liàn
一 整 个 早 上 ，我 的 师 兄 们 都 在 练

xí gāo shēn de wǔ gōng　zhǐ yǒu wǒ zài　　fá zhàn
习 高 深 的 武 功 ，只 有 我 在 "罚 站" 。

wū wū　　　wǒ yào xué xiáng lóng shí bā zhǎng
呜 呜……我 要 学 降 龙 十 八 掌 。

不许乱动！

好累呀！

世界无烟日

5月31日 星期一

lǎo mā gào su wǒ　　jīn tiān shì shì jiè wú yān rì
老 妈 告 诉 我 ， 今 天 是 世 界 无 烟 日 ，

suǒ yǐ wǒ men yào xíng dòng qǐ lái　　jù jué xiāng yān
所 以 我 们 要 行 动 起 来 ， **拒 绝 香 烟** 。

　　kě shì lǎo mā　　wǒ yòu bù xī yān　　zhè gēn wǒ
" 可 是 老 妈 ， 我 又 不 吸 烟 ， 这 跟 我

méi guān xì ya　　　　wǒ zhè yàng jué de
没 关 系 呀 ！ ” 我 这 样 觉 得 。

mǐ xiǎo quān　　wǒ shì shuō　　wǒ men yào bāng nǐ bà
“ 米 小 圈 ， 我 是 说 ， 我 们 要 帮 你 爸

ba jiè yān
爸 戒 烟 。 ”

hǎo ba　　wèi le lǎo bà de shēn tǐ　　wǒ hé lǎo mā
好 吧 ， 为 了 老 爸 的 身 体 ， 我 和 老 妈

jué dìng kāi shǐ xíng dòng
决 定 开 始 行 动 。

shǒu xiān　　yào duì lǎo bà jìn xíng shuō fú jiào yù
首 先 ， 要 对 老 爸 进 行 说 服 教 育 。

wǒ pǎo dào lǎo bà miàn qián shuō　　lǎo bà　　nǐ zhī
我 跑 到 老 爸 面 前 说 ： “ 老 爸 ， 你 知

dào ma　　quán shì jiè měi nián yǒu　　wàn rén sǐ yú xī yān ne
道 吗 ？ 全 世 界 每 年 有 500 万 人 死 于 吸 烟 呢 。 ”

ó　　shì ma
“ 哦 ， 是 吗 ？ ”

shì ya　　suǒ yǐ lǎo bà nǐ bú yào xī yān la
“ 是 呀 ， 所 以 老 爸 你 不 要 吸 烟 啦 。 ”

lǎo bà fēi chángshēng qì de shuō　　mǐ xiǎo quān　　nǐ
老 爸 非 常 生 气 地 说 ： “ 米 小 圈 ， 你

yào shi bú ràng wǒ xī yān　　wǒ xiàn zài jiù sǐ gěi nǐ kàn
要 是 不 让 我 吸 烟 ， 我 现 在 就 死 给 你 看 。 ”

ài　　lǎo bà bèi xiāng yān dú hài de tài shēn　　shuō fú
唉 ， 老 爸 被 香 烟 **毒 害 得 太 深** ， 说 服

教育失败。

说服教育不成，我和老妈决定没收老爸的所有香烟。

老爸总是把烟藏在各种你想不到的地方，这给我们的行动增加了很大难度。

老妈在老爸的兜里翻出了一包香烟，我在卫生间的马桶后面找到了两包；老妈又在衣柜的夹层里找到一包

把香烟
还给我……

xiāng yān， wǒ yòu zài huā pén li zhǎo dào le yì bāo
香烟，我又在花盆里找到了一包。

hā hā， lǎo bà， zhè xià nǐ méi bàn fǎ le ba？
哈哈，老爸，这下你没办法了吧？

wǎn shang， lǎo bà shuō zì jǐ chī duō le， yào chū qù
晚上，老爸说自己吃多了，要出去

liù liu wānr。
遛 遛 弯 儿。

wǒ hé lǎo mā yě yào qù， dàn shì lǎo bà jù jué
我和老妈也要去，但是老爸拒绝

le wǒ men。 wǒ men cāi tā yí dìng shì chū qù mǎi yān le。
了我们。我们猜他一定是出去买烟了。

wǒ hé lǎo mā tōu tōu gēn le chū qù
我和老妈偷偷跟了出去。

lǎo bà pǎo qù chāo shì， mǎi le yì bāo yān， wǒ hé
老爸跑去超市，买了一包烟，我和

lǎo mā gǎn kuài chōng le shàng qù。
老妈赶快冲了上去。

hā hā， lǎo bà， nǐ zài gàn má？
"哈哈，老爸，你在干吗？"

wǒ …… wǒ …… wǒ zài dì shang jiǎn le yì bāo
"我……我……我在地上捡了一包

yān， zhèng zhǔn bèi jiāo gěi jǐng chá shū shu ne。 ”
烟，正准备交给警察叔叔呢。"

xī xī， nà wǒ men bāng nǐ jiāo ba。 ” wǒ hé
"嘻嘻，那我们帮你交吧。"我和

老妈把香烟抢了过来。

就这样，老爸的**阴谋**被我们破坏了，我们成功帮老爸戒烟啦。

老妈却说："米小圈，你先别高兴，你老爸上班时还是会吸的。"

"那怎么办呢？"

老妈突然来了灵感："有办法了，看我的。"

老爸回到家不停地央求老妈："老婆，求求你，给我一根吧，就一根，我明天开始一定戒烟。"

没想到老妈居然拿出了一包烟："给！但你必须一次把一包烟都吸光了。"

啊！这就是老妈想出来的好主意吗？

"没问题，保准完成任务。"老爸

很高兴地接过烟，向卫生间跑去。

一个小时后，老爸从卫生间跑了

出来："呜呜……我错了，我实在抽不

动了，我这次一定戒烟。"

哈哈，老妈这个办法真的管用了。

哦耶！

武功秘籍

6月3日 星期四

这段时间，我真的很辛苦很辛苦，

每早六点钟就得到公园去练功，练完

功还得去上学。唉，好累呀。

不过**功夫不负有心人**，师傅终于

不再只让我扎马步了，教了我第一套

拳法——少林长拳。

"可是为什么叫长拳呢？"我问师傅。

师傅想了半天，答："因为它比短

哇！武功秘籍！

少林长拳

quán cháng
拳 长 。 ”

wǒ yòu wèn　　shī fu　nà zhè ge quán hé shào lín
我 又 问 ：“ 师 傅 ， 那 这 个 拳 和 少 林

de yì jīn jīng nǎ ge gèng lì hai
的 易 筋 经 哪 个 更 厉 害 ？ ”

shī fu xiǎng dōu méi xiǎng　dá　　mǐ xiǎo quān　nǐ
师 傅 想 都 没 想 ， 答 ：“ 米 小 圈 ， 你

kàn wǔ xiá xiǎo shuō kàn duō le ba
看 武 侠 小 说 看 多 了 吧 ？ ”

hǎo ba　guǎn tā nǎ ge gèng lì hai ne　zhǐ yào bù
好 吧 ， 管 他 哪 个 更 厉 害 呢 ， 只 要 不

zhā mǎ bù jiù xíng ya　wǒ gēn zhe shī fu liàn qǐ le cháng
扎 马 步 就 行 呀 。 我 跟 着 师 傅 练 起 了 长

quán
拳 。

wǒ xué de hěn kuài　　yí gè xiǎo shí　　yǐ jīng zhǎng
我 学 得 很 快 ， 一 个 小 时 ， 已 经 掌

wò le hǎo duō zhāo quán fǎ　　kàn lái yòng bù liǎo duō jiǔ
握 了 好 多 招 拳 法 。 看 来 用 不 了 多 久 ，

wǒ jiù kě yǐ chéng wéi　　wǔ lín gāo shǒu la　　ā hā hā
我 就 可 以 成 为 "武 林 高 手" 啦 ， 啊 哈 哈 。

降龙十八掌！！！

shī fu jīn tiān yòu ná chū yí kuài mù bǎn　　duì dà
师 傅 今 天 又 拿 出 一 块 木 板 ， 对 大

jiā shuō　　　yǒu nǎ wèi kě yǐ bǎ zhè kuài mù bǎn pī chéng
家 说 ： "有 哪 位 可 以 把 这 块 木 板 劈 成

liǎng bàn
两 半 ？ "

wǒ men de dà shī xiōng dì yī gè bǎ shǒu jǔ le qǐ
我 们 的 大 师 兄 第 一 个 把 手 举 了 起

lái　　　shī fu　　wǒ lái shì shi
来 ： "师 傅 ， 我 来 试 试 。 "

大师兄向木板冲去，用力一拳，可是木板却没有碎。真丢人，还大师兄呢！

我赶快举手说："师傅，让我来试一次行吗？"

师傅说："米小圈，可是你刚学呀。"

我**自信满满**地说："放心吧，我已经都学会了。"

"那好吧，你小心点儿。"师傅帮我举着木板。

我飞速向木板冲去，嘴里念叨着："超级无敌光速流星少林长拳来啦……哈……"我一拳把木板打成了两半。

你真是个
武学奇才呀!

疼死
我了……

gōng yuán li dùn shí xiǎng qǐ le rè liè de zhǎngshēng
公园里顿时响起了热烈的掌声。

hā hā dà shī xiōng gèng jué de méi miàn zi la
哈哈，大师兄更觉得没面子啦。

jū rán shū gěi le yí gè xiǎo háir
居然输给了一个小孩儿。

zhè shí yí gè xiǎo háir zhǐ zhe wǒ de shǒu kuài
这时，一个小孩儿指着我的手："快

kàn mǐ xiǎo quān de shǒu liú xiě le
看！米小圈的手流血了。"

wǒ dī tóu yí kàn à
我低头一看："啊！

xiě
血。"

wǒ yūn le guò qù
我晕了过去。

我们没有打架

6月4日 星期五

suī rán wǒ de shǒu zhǐ shì shāng dào le pí fū dàn
虽 然 我 的 手 只 是 伤 到 了 皮 肤 ， 但

shì wǒ zhè cì de xíng wéi bèi lǎo mā mà de hěn cǎn
是 我 这 次 的 行 为 被 老 妈 骂 得 很 惨 。

lǎo mā shuō mǐ xiǎo quān nǐ zhè jiào zì bú liàng
老 妈 说 ："米 小 圈 ， 你 这 叫 **自 不 量**

听不见，
听不见……

力。"

"老妈，可是我真的把木板打断了耶。"

"可是你的手也差点儿烂了，不是吗？以后不许再练了！"

我赶快说："这怎么行，我米小圈怎么能**轻言放弃**呢？"

老爸一听马上称赞道："米小圈的话我赞成，做事情绝对不可以**半途而废**。"

老妈看了看表："米小圈，你再不去上学就真的半途而废了。"

啊！要迟到了？我赶快背起书包，

^{xiàng xué xiào pǎo qù}
向 学 校 跑 去 。

^{dì èr jié xià kè de shí hou} ^{tiě tóu lái dào wǒ}
第 二 节 下 课 的 时 候 ， 铁 头 来 到 我

^{miàn qián} ^{mǐ xiǎo quān} ^{wǒ men chū qù wán ba}
面 前 ：" 米 小 圈 ， 我 们 出 去 玩 吧 ？ "

^{kě shì wán shén me ne} ^{wǒ wèn}
" 可 是 玩 什 么 呢 ？ " 我 问 。

^{tiě tóu xiǎng le xiǎng shuō} ^{jiù wán wǔ gōng ba}
铁 头 想 了 想 ， 说 ：" 就 玩 武 功 吧 ，

^{nǐ bú shì zài xué ma}
你 不 是 在 学 吗 ？ "

^{kě shì tiě tóu} ^{wǒ de wǔ gōng hěn lì hai de}
" 可 是 铁 头 ， 我 的 武 功 很 厉 害 的 ，

^{wàn yī bǎ nǐ dǎ shāng le zěn me bàn}
万 一 把 你 打 伤 了 怎 么 办 ？ "

^{tiě} ^{tóu} ^{bú} ^{xìn} ^{shǎo} ^{lái} ^{la} ^{shéi} ^{shāng} ^{shéi} ^{hái} ^{bù}
铁 头 不 信 ："少 来 啦 ，谁 伤 谁 还 不

^{yí} ^{dìng} ^{ne}
一 定 呢 。"

^{wǒ} ^{men} ^{dìng} ^{le} ^{yí} ^{gè} ^{guī} ^{zé} ^{měi} ^{rén} ^{dǎ} ^{duì} ^{fāng}
我 们 定 了 一 个 规 则 ， 每 人 打 对 方

^{yì} ^{quán} ^{shéi} ^{néng} ^{bǎ} ^{duì} ^{fāng} ^{dǎ} ^{dǎo} ^{shéi} ^{jiù} ^{suàn} ^{yíng}
一 拳 ， 谁 能 把 对 方 打 倒 谁 就 算 赢 。

^{tiě} ^{tóu} ^{shuō} ^{mǐ} ^{xiǎo} ^{quān} ^{nǐ} ^{xiān} ^{lái} ^{ba}
铁 头 说 ："米 小 圈 ， 你 先 来 吧 。 "

^{hǎo} ^{kàn} ^{quán} ^{wǒ} ^{xiàng} ^{tiě} ^{tóu} ^{chōng} ^{le} ^{guò} ^{qù}
"好 ！**看 拳**。"我 向 铁 头 冲 了 过 去 ，

^{yòng} ^{lì} ^{chū} ^{quán}
用 力 出 拳 。

^{shéi} ^{zhī} ^{tiě} ^{tóu} ^{yòng} ^{dà} ^{nǎo} ^{dai} ^{dǎng} ^{zhù} ^{le} ^{wǒ} ^{de} ^{quán}
谁 知 铁 头 用 大 脑 袋 挡 住 了 我 的 拳

头，稳稳地站在了那里。哎呀，铁头的
脑袋好硬呀。

"米小圈，该我了，看拳！"铁头
向我冲了过来。

铁头的力气可真大，拳头打在我
的胸口，我差点儿被打吐血了。不好，
我站不稳了，一把拽住铁头，和他一起
倒在了地上。

我俩在地上滚了起来。

铁头边滚边说："米小圈，你耍
赖，你输了。"

"我没有，是我们一起倒下的。"

"如果你不拽我，我怎么会倒呢？"

"那不管，反正你也倒了，咱们都输了。"

就在这时，一个声音大喊道："不许打架！你们是哪个班的？"

我们抬头一看，哇！不好，是校长大人。我们死定了……

我们赶快向校长大人解释，我们是在**切磋武功**。

你们是哪个班的？

我们只是在切磋武功呀……

呜呜……校长大人根本不相信我们说的话，结果我们被全校**通报批评**。

魏老师快被我们气死了，可是我们真的是在切磋武功啊。

回家后，老妈的态度更坚决了，坚决不让我学习武术了。

呜呜……老妈，我真的是被**冤枉**的呀。

如果我有时光机

6月5日 星期日

今天是星期天，终于可以美美地睡一个懒觉了。

可是很奇怪，今天我却很早就醒了。平时的早上，我总是睡不醒，所以经常迟到，而今天早上我却怎么也睡不着了。

老妈走了进来，解释道："这就是生物钟的作用。"

119

"生物钟？是一种闹钟吗？"

"不是闹钟，胜似闹钟。"老妈说，

"当你偶尔想睡懒觉时，你身体里的

生物钟会按照你原来的习惯提醒你

'该起床了'。"

是这样啊，好讨厌的生物钟。

老爸吃完早餐就去加班了，老妈

要参加同事的婚礼，只有我一个人在

家，好无聊啊。

我决定找铁头玩去。我抱着足球

来到铁头家，可是铁头妈说铁头去公

园玩了。

铁头真是不够意思，去公园玩

yě bú gào su wǒ yì shēng　　wǒ gǎn kuài qù gōng yuán zhǎo
也 不 告 诉 我 一 声 。 我 赶 快 去 公 园 找

tiě tóu
铁 头 。

　　wǒ zài gōng yuán rào le yì quān　　zhōng yú bǎ tiě tóu
　　我 在 公 园 绕 了 一 圈 , 终 于 把 铁 头

zhǎo dào le　　kě xiǎng bu dào de shì　　tiě tóu jū rán zài
找 到 了 。 可 想 不 到 的 是 , 铁 头 居 然 在

gēn shī fu liàn xí wǔ shù
跟 师 傅 练 习 武 术 。

　　wū wū　　tiě tóu tài guò fèn le　　yě bú gào su
　　呜 呜 …… 铁 头 太 过 分 了 , 也 不 告 诉

wǒ yì shēng　　zì jǐ què tōu tōu de liàn　　rú guǒ tā liàn
我 一 声 , 自 己 却 偷 偷 地 练 。 如 果 他 练

chéng le　　nà wǒ jiù dǎ bú guò tā le　　tā yí dìng huì
成 了 , 那 我 就 打 不 过 他 了 。 他 一 定 会

qī fu wǒ de
欺 负 我 的 。

wǒ jué dìng zài yě bù lǐ tiě tóu le wǒ qù zhǎo
我 决 定 再 也 不 理 铁 头 了 ， 我 去 找

jiāng xiǎo yá wán
姜 小 牙 玩 。

wǒ bào zhe zú qiú lái dào jiāng xiǎo yá jiā yí zhèn
我 抱 着 足 球 来 到 姜 小 牙 家 ， 一 阵

hěn měi miào de hào shēngchuán le chū lái
很 美 妙 的 号 声 传 了 出 来 。

wā jiāng xiǎo yá chuī de kě zhēn hǎo tīng
哇 ！ 姜 小 牙 吹 得 可 真 好 听 。

wǒ qiāo le qiāo mén jiāng xiǎo yá wǒ men qù wán
我 敲 了 敲 门 ： " 姜 小 牙 ， 我 们 去 玩

zú qiú ba
足 球 吧 ！ "

jiāng xiǎo yá dǎ kāi le mén mǐ xiǎo quān nǐ zhǎo
姜 小 牙 打 开 了 门 ： " 米 小 圈 ， 你 找

tiě tóu qù wán ba wǒ míng nián zhǔn bèi kǎo xiǎo hào èr jí
铁 头 去 玩 吧 ， 我 明 年 准 备 考 小 号 二 级 ，

suǒ yǐ wǒ děi jiā jǐn shí jiān liàn bù néng péi nǐ wán le
所 以 我 得 加 紧 时 间 练 ， 不 能 陪 你 玩 了 。 "

ǎ kǎo èr jí wū wū wū zǎo zhī
" 啊 ！ 考 二 级 ？ " 呜 呜 呜 …… 早 知

xiǎo hào kě yǐ chuī de zhè me hǎo tīng wǒ jiù bú mài gěi
小 号 可 以 吹 得 这 么 好 听 ， 我 就 不 卖 给

jiāng xiǎo yá le   wū wū wū
姜 小 牙 了 。 呜 呜 呜 ……

姜小牙真棒!

呜呜呜
……把小号
还给我!

tiě tóu hé jiāng xiǎo yá dōu máng zì jǐ de tè cháng qù
铁 头 和 姜 小 牙 都 忙 自 己 的 特 长 去

le   kě shéi gēn wǒ wán ne
了 , 可 谁 跟 我 玩 呢 ?

wǒ yí gè rén mèn mèn bú lè de huí dào jiā   xiě
我 一 个 人 闷 闷 不 乐 地 回 到 家 , 写

le yí huìr zuò yè   wán le yí huìr diàn nǎo yóu xì   yòu
了 一 会儿 作 业 , 玩 了 一 会儿 **电 脑 游 戏** , 又

xiě le yí huìr zuò yè   yòu wán le yí huìr yóu xì
写 了 一 会儿 作 业 , 又 玩 了 一 会儿 游 戏 。

zhōng yú pàn dào lǎo bà lǎo mā huí lái le
终 于 盼 到 老 爸 老 妈 回 来 了 。

wǒ chōngshàng qù bào zhù tā men   lǎo bà lǎo mā
我 冲 上 去 抱 住 他 们 : " 老 爸 老 妈 ,

wǒ xiǎng sǐ nǐ men le
我 想 死 你 们 了 。 ”

wǒ men chī wán wǎn fàn　　lǎo mā kāi shǐ shōu shi wǒ
我 们 吃 完 晚 饭 ， 老 妈 开 始 收 拾 我

de huà huà gōng jù
的 画 画 工 具 。

　　lǎo mā　　gàn má bǎ wǒ de huà bǎn shōu qǐ lái
“ 老 妈 ， 干 吗 把 我 的 画 板 收 起 来 ，

wǒ méi zhǔnr hái huà ne
我 没 准儿 还 画 呢 。 ”

　　lǎo mā shuō　　nǐ xiǎo yí shuō nǐ biǎo dì dà niú yào
老 妈 说 ： “ 你 小 姨 说 你 表 弟 大 牛 要

xué huà huà　　fǎn zhèng nǐ yě bù xué le　　zhèng hǎo bǎ nǐ
学 画 画 。 反 正 你 也 不 学 了 ， 正 好 把 你

zhè tào huà huà gōng jù sòng gěi dà niú yòng
这 套 画 画 工 具 送 给 大 牛 用 。 ”

"啊！大牛要学？"

我阻止道："不行，我要去学画画，不能把工具给大牛。"

老爸一听我的话马上兴奋起来："米小圈，你说什么？你要学画画？"

"对呀，我要学。"

"你确定？"

"千真万确！"

"我早就说，我的儿子是个画画天才嘛，他一定会喜欢学画画的，哈哈哈哈哈哈哈……"老爸差点儿笑晕过去。

唉，老爸对我的期望一点儿没有减少。

如果我有一部时光机就好了，我要飞到老爸小时候去，我要把我的零花钱都给他，这样他就有钱去学画画了。

说不定老爸会成为一名画家呢，而且是特别特别著名的那种。

可惜我没有时光机。

好吧，我来替老爸成为画家。

但愿我能做到……

北猫叔叔的日记魔法

拒绝流水账的魔法
jù jué liú shuǐ zhàng de mó fǎ

北 猫 叔 叔

北猫叔叔最近收到很多小同学寄来的日记。日记的内容真是五花八门、各有千秋，都非常好玩。

可是北猫叔叔也发现了一个问题，同学们写的日记大多都有点儿像流水账。

有人肯定会问，什么是流水账呢？

对于文章来说，流水账就是写东西没有突出重点，把一件件事情都记录下来，像记账。

那怎么才能写得不像流水账呢？

别急，北猫叔叔正好有一个拒绝流水账的魔法要传授给你。

首先我们来看看米小圈一天都发生了哪些事。

第一件事：米小圈睡懒觉，又要迟到了。他赶快向学校跑去。

第二件事：在跑去学校的途中，他

的书包拉链开了，书本掉了一地。

第三件事：来到学校之后，他
和姜小牙说起昨晚的梦。想不到
姜小牙当真了，快速画出一张超级
难看的画。

第四件事：魏老师要大家做一
道超难的数学题，米小圈没有做出
来。

第五件事：体育课开始了，
铁头跑去跟女生跳皮筋。米小
圈很不喜欢这个运动，可想不

到 肌 肉 老 师 却 很 喜 欢 ， 把 体 育 课 变 成
了 皮 筋 课 。

如 果 米 小 圈 把 这 五 件 事 都 写 在 日
记 里 ， 那 么 同 学 们 ， 你 们 可 能 看 到 一 半
的 时 候 就 厌 烦 了 。 所 以 聪 明 的 米 小 圈
决 定 只 把 最 精 彩 、 最 重 要 的 部 分 写 出 来 。

首 先 ， 米 小 圈 选 出 了 最 好 玩 的 ——
第 五 件 事 ， 上 体 育 课 。 然 后 选 出 了 比
较 重 要 的 —— 第 三 件 事 ， 姜 小 牙 画 画 。
其 他 的 事 干 脆 不 写 在 日 记 里 。 然 后 把
第 五 件 事 详 写 ， 第 三 件 事 略 写 。

有详有略的文章，才不会像流水账，别人看起来才抓得住重点。

一篇篇精彩好玩的《米小圈上学记》就是这样写出来的。

图书在版编目（CIP）数据

如果我有时光机 / 北猫著；手指金鹿，老布鲁绘. —
成都：四川少年儿童出版社，2018.1（2018.10 重印）
（米小圈上学记）
ISBN 978-7-5365-8776-2

Ⅰ. ①如… Ⅱ. ①北… ②手… ③老… Ⅲ. ①儿童故
事—作品集—中国—当代 Ⅳ. ①I287.5

中国版本图书馆 CIP 数据核字（2018）第 008702 号

出版人	常　青

策　划	明　琴　黄　政
责任编辑	明　琴
封面设计	米　央
插　图	手指金鹿　老布鲁
责任校对	党　毓
责任印制	袁学团

RUGUO WO YOU SHIGUANGJI

书　名	**如果我有时光机**
作　者	北猫
出　版	四川少年儿童出版社
地　址	成都市槐树街 2 号
网　址	http://www.sccph.com.cn
网　店	http://scsnetcbs.tmall.com
经　销	新华书店
图文制作	喜唐平面设计工作室
印　刷	成都市金雅迪彩色印刷有限公司
成品尺寸	210mm × 180mm
开　本	24
印　张	6
字　数	120 千
版　次	2018 年 3 月第 2 版
印　次	2018 年 10 月第 36 次印刷
书　号	ISBN 978-7-5365-8776-2
定　价	25.00 元

《如果我有时光机》读后感

年级　　　班　　　姓名

年　　月　　日

小朋友们，想把发生在你身边的趣事告诉北猫叔叔吗？
快快拿起手机，给他发送微信吧！等你哟！

快来扫一扫吧！

找 到北猫叔叔

听 "米小圈"广播剧

获 得米小圈定制文具

抽 奖得北猫叔叔签名书

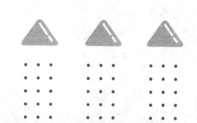